für Generation Z

wir sind die Veränderung

vor paar Jahren lag ich nachts wach

als mir klar wurde
dass ich unbedingt ein Buch schreiben muss
egal was kommt.

du hältst es in der Hand.

Inhaltsverzeichnis

Intro

ich habe
definitiv zu lange
geschwiegen

vom Einlassen und Demaskieren

the biggest risk of all risks seems to be
speaking up
yet boundaries will only vanish
if I do
so that's what I did

I was in Berlin when I found my voice
and I am still finding it

alles ist möglich in Berlin
der Mensch der mir grade entgegen kommt
entweder er lächelt mich an oder
kotzt mir vor die Füße
es ist halt Berlin

und wenn jetzt alles möglich ist
dann schaff ich es vielleicht auch
ich will doch bloß ich selber sein
mich verwirklichen
und dafür hab
ich eigentlich alles was ich brauch

eigentlich.
ich habe nämlich Angst
dass man mich nicht versteht.
dabei ist das doch meine große Chance
weil in Berlin
wirklich alles geht

ich schreibe schon so lange
vielleicht möchte ich nicht
dass meine wunderbare Illusion zerbricht
dass ich das was ich liebe auch echt gut kann
wer wäre ich denn dann?

ein talentloses Etwas?
das sinnlos durch die Gegend schwebt?
Leuten immer zu falschen Dingen rät,
zerstörerische Gedanken sät
und bloß in falsche Richtungen geht?

ja
das macht mir Angst
das sage ich ganz offen
gestern erst bin ich befreit durch die Gegend getanzt
und wurde plötzlich von Selbstzweifeln getroffen

es ist okay
dass ich denke was ich denke
aber ich hab Angst
dass ich damit alleine bin
und abwertenden Menschen meine Seele schenke
das klingt für mich so
als machte ich damit nur Verlust
aber niemals Gewinn

.Wende.

vielleicht geht es gar nicht ums Verstanden werden
sondern einfach um das Teilen an sich

ich hoffe ich werde das
mit der Zeit lernen
dass all das genau diesen Moment wert ist

in dem
meine vielleicht etwas zittrige Stimme
durch eben diesen Raum schallt
und wenn's ein Fehler war
dann war's das halt
denn selbst wenn mein Gedanke
auf allgemeines Unverständnis prallt
hat mich immer mindestens eine Person
in diesem Raum geschnallt
- ich
werde von mir selber gehört

vielleicht geht es am Ende des Tages
gar nicht darum sich zu schützen
oder wie viele Leute man mit seinen Worten erreicht
sondern darum sich bei sich selber zu wissen
und dass man nie von seiner Seite weicht

ich das Paradoxon
werde trotzdem immer hoffen
dass meine Worte dich berühren

und wir beide dadurch nicht länger Einsamkeit
sondern Verbundenheit verspüren

ich beschließe jetzt für mich
es ist nicht alles möglich in Berlin
sondern überall
ich bin mein eigener Motor und mein Benzin
und mein Ziel ist das Weltall

also ich für meinen Teil
nehme meine größte Herausforderung an
nämlich mich zu öffnen und weiter zu machen
solange ich kann

- alles ist möglich (in Berlin)

trau dich deine Talente zu zeigen
bitte.
es wird ein
Geschenk für andere Menschen sein
daran glaube ich ganz fest

du kannst dich dem Leben
am Ende
eigentlich nur anvertrauen

du musst
dich
ausliefern

wir können es uns nicht
leisten zu schweigen

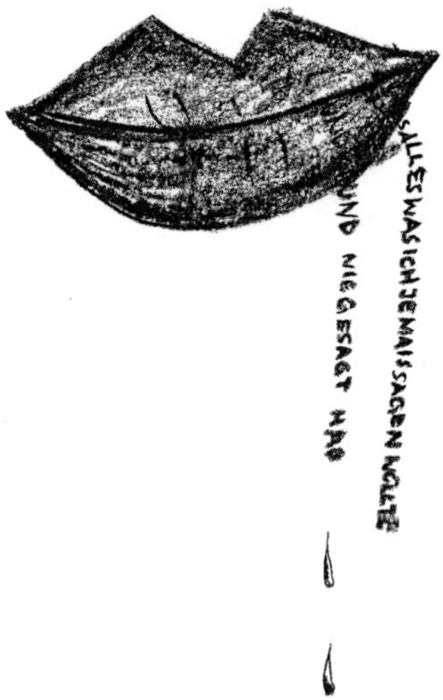

das Risiko
das ich einging
hatte ich vorher berechnet
aber
verdammt
bin ich schlecht
in Mathe

Freiheit zur Gelassenheit/ Hinnahme

wenn Verletzlichkeit menschlich ist
wir aber keine Verletzlichkeit zulassen
was sagt das dann
über uns
aus?

vom Scheitern
und Neubeginn

wir stehen heute

auf

anderen Grundsätzen

- Fund_ament

beim Versuch zu Fliegen
ist zwar noch niemand abgehoben
aber das nehmen wir in Kauf

komm
wir bauen darauf auf
auf der Luft nach oben

denn wir war'n schon unter den Toten

im Nachhinein weiß man immer
dass es Angst war

aufstehen muss ich um 6:45
jetzt ist es schon 3:14
doch momentan kann ich
mir noch selber beim Nachdenken zusehen

Worte wirbeln in meinem Kopf umher
waren noch nie zuvor so lebendig
zur Ruhe komm ich nimmermehr
ich kann alles auswendig

ich liege wach
kann nicht schlafen
was wenn es klappt
was wenn es klappt
die Frage pulsiert in meinem Kopf
und lässt mich nicht schlafen
heute Nacht

- (Lampen)fieber

sind wir dabei
zu scheitern
oder ist dieser Gegenwind
Vorbote unseres Auftriebs?

Berlin _Erstausgabe

ich sitze in einem Raum voller Leute
höre dem Sprechenden gebannt zu
nehme so viel auf wie möglich
lass es nicht raus
lass es nicht raus
es erfüllt mich geradezu

- heute
sitze ich in einem Raum voller Leute
die mir unbekannt und fremd sind
jeder für sich
von irgendwoher
dennoch sind wir gleichgesinnt

ich sitze in einem Raum voller Leute
alles kommt hier zusammen
-Berlin-
es pulsiert und lebt in uns
-Berlin-
die Blätter färben sich gelb
und der Mauerpark ruft uns
mich und mein Team
mich und mein Team

jetzt lehne ich mich aus dem Fenster
und atme Berlin ein
du wirst ab jetzt mein Adrenalin sein
ich liebe alles an dir
Pankow, Mitte, Friedrichshain,
sogar Trash TV und billigen Wein
heute
in diesem Raum voller Leute

die alle nur ein Ziel haben
nämlich glücklich sein oder werden
und ich würd so gerne was erreichen, verändern
nicht bedeutungslos sterben
ich möchte gehört werden
und Dinge verstehen
mich trauen in fremden Städten alleine irgendwo hinzugehen
und neu anfangen

neu anfangen
mit allem
was ich zu bieten habe
trotz meiner viel zu häufigen Schreibblockade

und es folgt mein immer gleicher Übergang:
heute

in diesem Raum voller Leute

fasse ich Mut und Vertrauen
bevor ich noch mehr vergeude

vom zuhause sein
und der Suche danach

Dis_tanz
etwas das zwei verbindet obwohl
es sie trennt

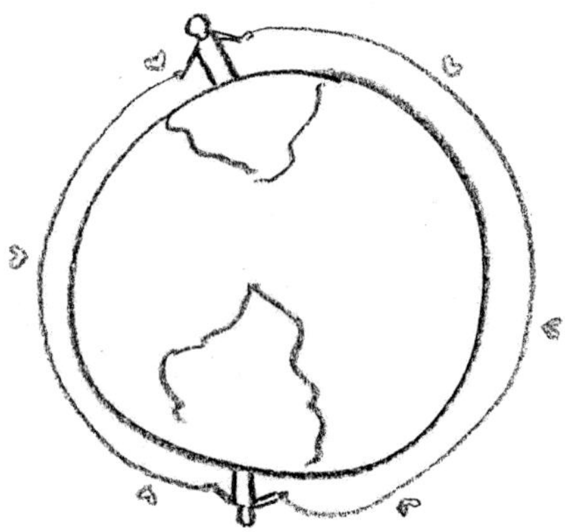

du schwebst
bist beflügelt
steigst auf
entgegen aller
Schwerkräfte

weil du Schweres
von dir
abfallen
lässt

und weil du dir selbst vertraust

meine Kindheit
alles was ich je war
was ich sein wollte
schlummert noch
in diesem gelben Haus
die Auffahrt runter

das perfekte gelbe Haus
in unserer perfekten Straße
auf der wir so lange spielten
bis es dämmerte
- damals

unsere Straße
unser gelbes Haus
da wollte ich nie raus
da wollte ich nie raus

der große Schrank in eurem Zimmer
auf den Oma mal diesen
Smiley geklebt hat
daran erinnere ich mich plötzlich, aus dem Nichts
- 4Jahrespäter

geliebtes gelbes Haus

aus dir wollt ich nie raus
du warst so viel mehr als nur mein Zuhaus
aber weil ich dich niemals wiedersehen werde
hält nichts den Prozess des Vergessens auf
deine Fassade bröckelt
dein Fundament kriegt Risse
vor allem das
Fundament
das für immer leer blieb

wie ironisch
die Vergangenheit in unseren Händen
anzuzünden
wo wir doch auf dem Neuanfang standen
der uns dann nie
passieren sollte

keine Angst gelbes Haus
ich hab deine Asche aufbewahrt
nun bist du zwar nicht lebhaft
doch immerhin
an meiner Seite

ist es nicht das Traurigste
wenn man merkt man kann sich an

etwas nicht mehr erinnern?
ich meine wo geht die Erinnerung hin?
wo lebt sie weiter?
wann kommt sie zurück?

aber vor allem
fragt man sich doch
ob es wirklich passiert ist

geliebtes gelbes Haus
die Erinnerungen an dich verblassen
ein Teil von mir wird
für immer bei dir sein
und verblasst mit dir
friedlich

aber den Rest
den nehme ich mit
und steige aus deiner Asche
empor
wie ein Phönix

– du wirst wohl immer mein Fundament bleiben

Kühe und Hunde auf den Straßen
sowie Verkäufer aller Art
das Englisch versteht man nur in Maßen
Männer mit Turban Männer mit Bart

Schulterblicke werden eh überbewertet
auf den Mofas oft auch vier Personen
achtet überhaupt jemand auf das Verkehrslicht?
obwohl wen kümmert das schon
stattdessen wird gehupt

Helme gibt es auch keine
bunte Saris wehen im Wind
ich denke an arrangierte Ehen, die fehlende
Gleichberechtigung
und frage mich ob diese Frauen glücklich sind

denn ihr Wort ist anscheinend mächtig
sie reden bestimmt und energisch
sie sind facettenreich wie Saris und so prächtig
sie nachzuahmen wär vergeblich

die Kunst des Tanzes und der Musik
beherrschen hier vor allem die Frauen
und wegen ihres Stolzes und Glanzes

sehen sie wie Göttinnen aus

man tanzt mit den Augen und den Fingern
selbst mit den Füßen stampfen wirkt bei ihnen elegant
eine Bewegung des Halses hin und wieder
vor allem der Ausdruck ist relevant

der Smog drückt Neu - Delhi nieder
immer eine Staubschicht
selten sieht man die Sonne wieder
und mein einziger Halt ist dieses Gedicht

Röcheln, Husten, Kratzen im Hals
Nebenwirkungen vom Hier-leben
Abenteuer, Taj-Mahal
das eine kann es ohne das andere nicht geben

die Landschaft um und herum verschwindet
alles erscheint milchig und trüb
ein Nebel der sich um unsere Hälse windet
bald möchte ich nach Hause zurück

denn die schlechte Luft sitzt uns in den Knochen
der Rauch sticht uns in die Augen
der Staub ist in die Luft gekrochen

das kann mir niemand mehr für gut verkaufen

die Kleidung ist so bunt und glitzernd
und wenn ich mir dann all die grauen Häuser anseh'
ergibt das alles schon viel Sinn

Busfahrten sind immer extrem holprig
gelegentlich wird man in die Luft katapultiert
es gab bei uns ein Problem mit der Kupplung
glaub ich
nach einer Stunde hat der Fahrer dann nur noch meditiert

die selbstgemachten Hütten an den Straßenrändern
erinnern stark an die die man früher im Garten gebaut hat
man sieht viel zu viele obdachlose Kinder
und am offenen Feuer wird Frühstück gekocht

Hunde, Katzen, Kühe, Pferde liegen an den Straßenrändern
hungern bis sie endlich sterben
oder fressen Müll und ersticken daran

Wohngebiete sind aufgeteilt in Sektoren
zwischen den Straßen schlafen Menschen in rostigen „Betten"
mit Glück finden sie einen Platz ohne das Geräusch von
Motoren

was würde es kosten sie alle zu retten

sechster November zweitausend sechzehn
das Smoglevel hat den Ausnahmezustand erreicht
die Luft ist höchst giftig
und wir werden alle davon ergriffen
egal ob arm oder reich

verzweifelt versuche ich mich dagegen zu schützen
Mundschutz und lange Kleidung
mein ungutes Gefühl sagt mir aber
dass diese jetzt grade wirklich gar nichts nützen

und ich verstehe endlich:
saubere Luft ist eine fucking Bereicherung

heute
fällt das Meditieren weg
denn wir können nicht mehr atmen

die Saris verblassen
die Menschen tragen Masken

soweit es möglich ist vermeidet man den Schritt nach draußen
denn wir kriegen keine Luft mehr

wir haben
mit einem Atemzug
den Abfall einer ganzen Nation eingeatmet

- auf der Suche nach schönen Orten

ich habe geträumt
dass wir nach Hause fahren

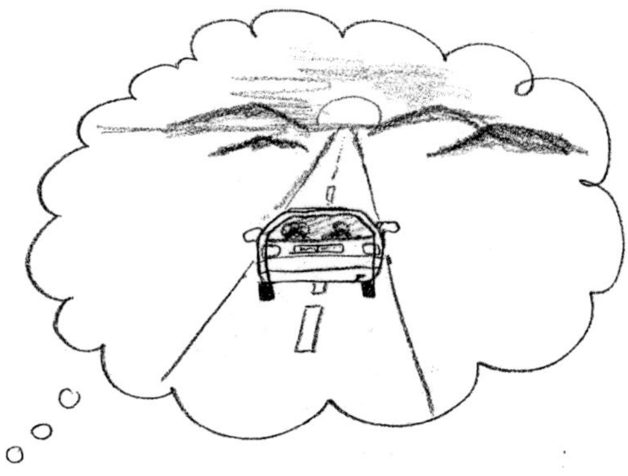

eine Insel sehr weit weg
das Auffangbecken gestrandeter Träume
oder unser Vorort-Parkdeck
unsere graue Stadt
und ihre Hohlräume
- unsere Köpfe

since you
are the masterpiece
I don't visit
galleries anymore

ich bin vielleicht bisschen
panisch
dramatisch
und bisschen am Schwanken
aber heißt es nicht
„Wer schwankt hat mehr vom Weg?“

vielleicht hat es dann gar keinen Grund
dass ich mich jetzt
hier so aufreg

und wenn der Weg doch das Ziel ist

vielleicht kommen wir dann doch an
vielleicht sind wir Schildkrötenbabys

auf dem Weg in den Ozean

- Heimatfrequenz

wir träumen
vom Reisen um die Welt
aber ist denn
die Welt nicht
in uns?

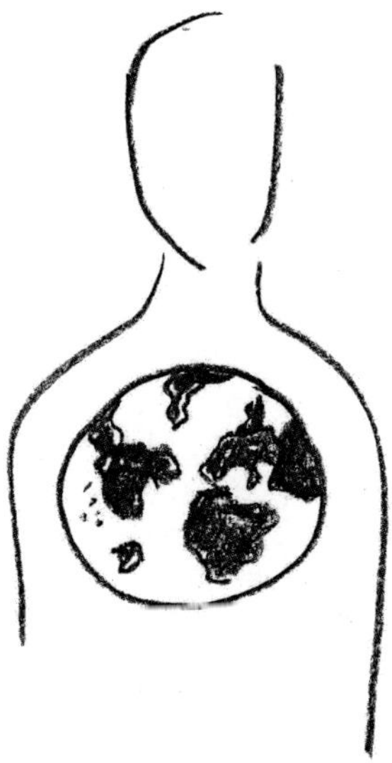

wir sind die
buchstäblichen Helden der Nacht
und der Glaube
an uns selbst
ist das was uns unsterblich macht

wir machen vieles
außer das was wir sollen
versuchen stattdessen zu sein
wer wir sein wollen

sind so glücklich
dass es uns traurig macht
und sehen keine Sterne am Himmel
heute Nacht

wir haben
alles
aber fühlen uns allein
wollten doch so viel
besser sein

- 22001155

und ich nehme diesen schwarzen Stift
und schreibe in mein schwarzes Buch
dass das Leben schön ist
aber nicht schöner als du

art can be anything
I figured
even friendship
- ours in any case

wenn alles vorbei ist
kommst du dann nach Hause?

wo bist du?

von der Liebe
(zu dir selbst)

alles was ich wollte
war ein Held

- I was looking for you (me)

ich war mal ein Teil von dir
und du von mir
doch ich habe schon vor langer Zeit angefangen
den Teil mit mir selber
zu füllen
und nach deinem Abschied
bin ich wieder ganz

trotzdem hab' ich dauernd
an dich gedacht
wenn jemand deinen Namen erwähnt hat
oder ich ihn irgendwo las
zog sich alles in mir
krampfhaft zusammen

- Entzugserscheinungen

und doch ging es mir
ohne dich
besser als mit dir
letztendlich bin ich ziemlich dankbar
für deine Abwesenheit
- das Danke das du nie gehört hast

I almost gave you
the parts of me
you never deserved

- r.h.Sin

if my heart is not good enough
I want it back

je öfter ich ihn ansah
desto sicherer war ich mir:
diese Person habe ich nie geliebt
der den ich liebte
ist für immer
und spurlos
verschwunden

ich kenne diese Person nicht

Ende

weg

weiter

whenever my heart was broken
words have cured me
- healing

sind wir nicht alle dabei
über irgendetwas hinwegzukommen?

new love

Teil 1

I know that there is something about ya
got me feeling like I can't be without ya

plötzlich Klartext
das hier ist kein einfacher Liebestext
sondern ein Reflex

Baby du bist Gewebeband für mein Herz
bist Tippex für
den Schmerz
ich dachte schon ich brauch ein
Spenderherz

- zu viele nicht konstante
sogenannte Bekannte
und darunter zu wenig Seelenverwandte

Teil 2

ich hab versucht mich nicht beirren zu lassen
weiter zu glauben
dass du da bist
und stets aufzupassen
dass bloß kein Zweifel mich zerfrisst

es heißt doch
„Für jeden Topf gibt es einen Deckel." oder?
das klingt sooo abgedroschen
dachte ich mir dann im Oktober

die Zeit verflog
und obwohl du nicht da warst
schwirrte in meinem Kopf dauernd unser Dialog

der den wir nie geführt haben

Baby du bist Gewebeband für mein Herz
bist Tippex für den Schmerz
ich dachte schon ich brauch ein Spenderherz

Teil 3

sag mir jetzt
wann zeigst du dich?
mehr als warten kann ich auch nicht
da ist schon der Erste der mir seine Liebe verspricht
aber Baby
ich wollte doch dich

ich trau mich jetzt es auszusprechen:
„Denkst du überhaupt an mich?“
du musst es mir ja nicht versprechen
sag mir einfach
lohnt es sich?

mein Herz fühlt sich nämlich an
wie ein Gebrauchsgegenstand
es wird benutzt
aber nicht gepflegt
und jetzt ist da ein kalter Wind
der in meiner Brust fegt

Teil 4

I think of you
when I'm going to bed
when I wake up think of you again
ich glaub das ist ein dream
fucking wonderland

.Sonne.

und wenn ich dich dann seh
zerfallen meine Schranken
die ich um mein Herz gebaut hab
um nicht an Liebeskummer zu erkranken

ich fühle mich plötzlich frei,
verletzlich und unendlich
ich weiß zwar
alles ist vergänglich
aber wir
wir beide sind doch unzertrennlich

- Paracetamol

Abwehr

heute schon wieder
hab ich von dir geträumt
du sinkst durch meine Schichten nieder
die Antikörper haben einen Eindringling versäumt

langsam aber unaufhaltsam
gewinnst du meine Gedanken
und bist dabei mein Balsam
und ich dabei
an Liebe(skummer) zu erkranken

heute schon wieder
hab ich von dir geträumt
das fünfte Mal in Folge
hast du alles andere aus dem Weg geräumt

let your safety fall

kann mich nicht
auf deine Worte konzentrieren
sondern zeichne in Gedanken
deine Gesichtszüge nach
ich überlege
welche Stifte ich benutzen würde
doch keine
meiner Zeichnungen
könnte jemals andeuten
wie schön du
(für mich)
bist

- Kunst die mir ein Rätsel ist

ich weiß nicht mehr
wie sich das Leben anfühlt
ohne deine Hand in meiner.

Eingeständnis

jetzt liegst du wieder neben mir
und schläfst wie immer tief und fest
mein Blick liegt mal wieder nur auf dir
ein Bann der mich einfach nicht loslässt

du atmest
laut aus
und laut ein
es nervt mich normalerweise wenn Menschen laut atmen
aber bei dir kann es ganz süß sein

deine Brust hebt und senkt sich regelmäßig
du strahlst wie immer Entspannung aus
ja das sieht dir ähnlich
du machst immer was Lockeres daraus

zu meinem Gesang bist du eingeschlafen
wenn man das überhaupt so nennen kann

jetzt redest du im Schlaf
und ich hab grade echt nicht verstanden
was du gesagt hast
aber wenn ich darf

nehme ich ihn von dir jeden Ballast

und renne mit dir durch deinen Traumpalast
denn dort wäre ich echt gerne zu Gast
wenn es bei dir passt.
du siehst so friedlich aus
in deinen geschwungenen Wimpern möchte ich
Skateboardtricks machen
bald ist Sommer dann gehen wir raus
bald sitzen wir unter der Sonne und lachen

denn Lachen mit dir befreit mich immer
von allen Ängsten und der Realität
hey du bist mein Lieblingsspinner
und ich weiß dass das nicht so schnell vergeht

bei dir kann ich nicht so gut schlafen
weil das alles schon ein Traum ist
ja du bist mein Heimathafen
und ich hab dich irgendwie vermisst

da kann ich es nicht in Kauf nehmen
die Realität für eine Sekunde zu verpassen
deshalb muss ich mich jetzt an dich lehnen
ich werd' auch auf dich aufpassen

es ist schon ziemlich spät

und du schläfst jetzt schon recht lang
ich hoffe nicht dass du gleich gehst

alles ist grad so schön im Einklang

Baby du bist mein Partner in crime
egal wo du bist
wir sind
und egal welche Zeit jetzt gerade beginnt
es ist alles gut
denn wir sind nicht allein

alles ist perfekt.
so soll es sein.
- wenn du schläfst

„Menschen sind wandelnde Bücher“
hat mal irgendjemand gesagt
wenn das so ist
bin ich an jedem einzelnen
deiner Kapitel interessiert

- und möchte dass du weißt
dass du mein Lieblingsbuch bist

du bist da
bei mir
und schenkst mir deine Liebe
du bist da
sage ich mir selber und dass ich dich nicht verliere

du flehst mich an doch bitte irgendwas zu sagen
but baby I´m lost for words
und mir stellen sich zu viele Fragen

zuhause sind wir jetzt
bis einer von uns diesen Ort verlässt

und irgendwohin geht wo ein frischer Wind weht
was uns aber dann bevorsteht
ist diese unfassbar große Welt
die sich nicht mehr nur um uns dreht

vergessene Zeit vergessener Ort
zwischen uns ein Teppich aus Planeten
du bist da für mich ich hab dein Ehrenwort
aber die Distanz ist bereit anzutreten

du atmest ein
du atmest aus

wir sind es auch
solange ich neben dir steh und in dein Gesicht seh
tut der Gedanke kaum weh
dass die Welt so groß ist
dass wir uns tausendfach verlieren könnten

denn das tun wir nicht
wir tun das nicht.

lass uns zusammen verloren gehen
statt einander zu verlieren
so wie wir einander ansehen
würden wir uns doch niemals ruinieren

der Traum von der Ferne
und der Traum von dir
ich würde sie so gerne ganz banal addieren

egal wo
immer ich auch bin
hab ich dich bei mir
als schönen, schmunzelnden Gedanken
in meinem Hinterkopf drin

aber dann siehst du mich so an wie immer

und ich fange an es zu realisieren
jetzt hier in deinem Zimmer
dass die beste Zeit mit dir ist
und ich mir wünsche dass du mitkommst
die Welt dreht sich nämlich doch
nur um uns zwei
weht grade alle unsere Träume herbei
und wir sehen sie zwischen uns kollidieren
wie durch Zauberei

es packt mich mit voller Kraft
meine Sehnsucht hat mich aufgerafft
in meinen Augen vor Aufregung geweitet
siehst du jetzt schon dich
und wie du weißt
wirds jetzt abenteuerlich

wir können das alles schaffen
ich will nach Hause unsere Sachen packen
wir müssen nur den Schritt machen:
loslaufen, abhauen, frei sein und lachen
JETZT
müssen wir sie ergreifen
komm wir buchen einen Flug
- das sind unsere besten Zeiten

I know you're
afraid
other guys could fall
for my magic
but dont worry
Baby
let me be
others might be blinded
but you
you are the reason I shine

vom Schweben in den Wolken und Regen

frei sein
zu gehen

„das Museum, das es gar nicht geben dürfte“
ist das Beste in dem ich je war
etliche Nationen kamen zusammen
und dort erlebte ich fremde Geschichten plötzlich hautnah

diese zeitgenössische urbane Kunst
hebt sich ab aus dem Dunst
ist zündende Idee und Treibstoff
Kompass und Ziel
das gibt mir so viel
das gibt mir so viel

so stehe ich da
vor einem Meisterwerk nach dem anderen
und erkenne mich selbst
vor jedem einzelnen
ganz unverkennbar
stehe ich vor mir
und erkenne mich selbst

ein Gemälde reißt mich in die Vergangenheit
und katapultiert mich zurück
das nächste - die Zukunft
fängt mich auf - zum Glück

und ich schwebe
bin eins mit dem Bild
und ich schwebe
verlasse diese Erde
und wandle in meinem Kopf umher
zwischen diesen Bildern
die längst ein Teil von mir sind
und mir die Welt eröffnen
wie lange war ich schon blind

endlich nehme ich alles wahr
wandle durch diese Gänge
und jetzt durch die Köpfe der Künstler
alles zieht sich in die Länge

.Heimkehr.

ich bin überwältigt
das hier macht mein Leben aus
es treibt mir Tränen in die Augen
und ich habe Gänsehaut

wie nach minutenlangem schallendem Applaus

– Bülowstraße 7, 10783 Schöneberg

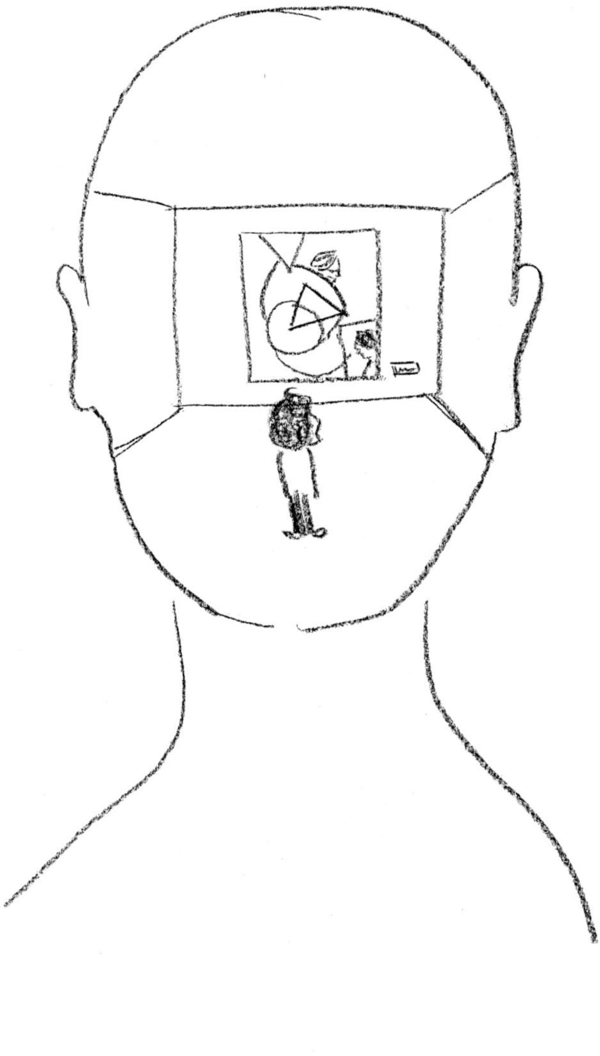

maybe in Berlin
but not in any other city in the world

ich
das rosa Schaf
ich fühle mich so
anders
dass ich nachts nicht
ruhig schlaf
stattdessen tagsüber durch Tagträume
wander

ich lasse das Leben nicht auf mich regnen
sondern tanze in den Wolken
bis es donnert und bebt
und sie sich endlich erinnern
wie frei sie mal sein wollten

ich tanze
ja ich tanze
so lange
bis ich keine Luft mehr kriege
und dann lasse ich mich
fallen
doch ich falle nicht ich fliege

aber ich lasse das Leben nicht auf mich regnen nein
ich bin der Grund für den Regen
oder falle mit ihm
und bin klitzeklein

- ein Tropfen mit Herzklopfen

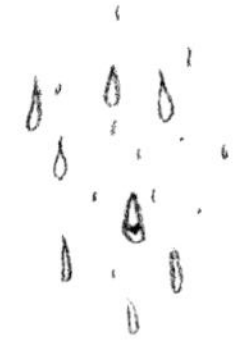

was immer sie auch berührt
dort sprießen Blumen in allen erdenklichen Formen
und Farben
es wachsen ganze Wälder
und die Vögel singen ihren Namen

- Feenstaub

auf unserer Haut
geht die Sonne unter
bis uns das Meer bis zum Hals steht
und der Mond dann
unsere Gesichter umrandet
während wir nach den Sternen greifen

und weil du aus
Sternenstaub gemacht bist
greife ich nach dir
wir lassen alles hinter uns
und sind für immer verschwunden
in unserer Galaxie

wenn ich aus Versehen ein Strich
in mein Bild gemalt habe
hast du einen Vogel draus gemacht und gelächelt
„Das ist doch nicht schlimm!“
hast du gesagt
und mir dadurch beigebracht
das Beste aus allem zu machen
und nie aufzugeben.

du meintest immer ich sei
„ das Kind mit den guten Ideen“
dabei bist du doch die Oma mit den allertollsten

- Danke für Alles Oma

Gedanken/Wolken

scheinen zart zu sein
schnell vorbei zu ziehen

dabei hüllen sie riesige Berge in sich ein
nehmen einem die Sicht
hängen sich unendlich schwer über Städte

Gedanken/Wolken
lassen entweder die Sonne scheinen

oder türmen sich auf
werden dunkel und schwer
lassen ein bedrohliches Bild entstehen

Gedanken/Wolken
ergießen sich über dir
und schwemmen jeden Halt weg
alles scheint trist
plötzlich

denn es zieht wieder dieser Wind auf

von kostbaren Erkenntnissen

einfach die Augen aufmachen und gucken

- das reicht manchmal um etwas zu sehen.

wenn ich meine Gedanken beobachten kann
kann ich nicht meine Gedanken sein

lass jemanden
deine rote Farbe verstecken
mit der du unentwegt
den Teufel an die Wand malst.

alles was ich nicht werden will
ist unzufrieden.

nach viel zu langer
Wartezeit
endlich dann der Gnadenschuss.
das Schulsystem ist die Begrenztheit
brauche ich ihn wirklich
diesen nichtssagenden Schulabschluss
?

Erkenntnis 1

du darfst negative Gedanken zulassen
aber lass sie beizeiten vorüberziehen.

Erkenntnis 2

es geht nicht um die tatsächliche Entfernung
zwischen zwei Menschen
sondern darum
wie nah sich die Herzen sind

Erkenntnis 3

du findest den Halt bei dir selber

Erkenntnis 4

du musst lernen Dinge die
außerhalb deines Einflussbereiches liegen
zu akzeptieren

das was wir jetzt brauchen
ist der Glaube daran gut genug zu sein

vom Taumeln

mit Vorankündigung
werde ich jetzt
einmal
grandios
scheitern

bei drei Worten
acht mal
versprochen.
ich stolper weiter
durch Wortlabyrinthe
den Ausgang
suchend
- mir die Zunge brechend

ich finde meine Worte nicht
find die Worte nicht
bin
wortlos
bin mein Ziel los
wirklich ziellos
für immer mein Wort los

- los t

man muss die Feste feiern wie sie fallen
aber
heute falle ich
die Feste feiern sich selber
feiern 'ne Party ohne mich

- ishouldhavestayedathome

wie seltsam
sind diese Tage
an denen man tranceartig chillt
ohne wirklich zu existieren
man atmet so vor sich hin
hat kein Ziel keinen Tatendrang
und nichts hat einen Sinn

auch wenn man nicht Nichts tun kann
macht man wirklich Nichts
und fällt für den Moment
in ein schönes, weiches Loch
das einem endlich genug Ruhe verspricht

alles fühlt sich zu schwer an
jeder Schritt ist einer zu viel
jede Bewegung: Energieverschwendung

man liegt lieber auf seiner Ladestation
schon benommen von 200% Akkuzustand
aber es ist so schön hier
kennst du das nicht?

man ist grade nicht anwesend oder – sprechbar

eher hervorragend nichtssagend und
herrlich unerreichbar

- für den Moment: lass mich mal chillen grade

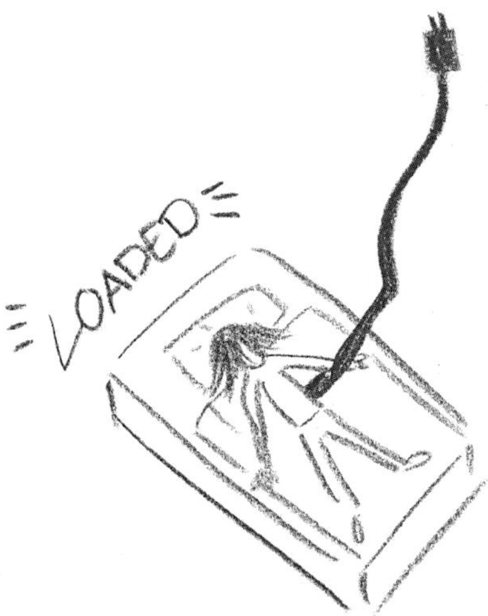

wir und unsere Gesellschaft

wo ist die Euphorie???

das folgende Gedicht trägt zwei Titel:

1. was ich verloren hab
2. unser Bildungssystem

hier sind ein paar Beispiele
meiner früheren Gedanken - oh!
ich wünschte
ich wär noch immer so unbeschwert
und kennte keine Schranken

es fing an mit so 6,7 Jahren
und folgenden ausprobierten Reimstrukturen:

„Die Sonne scheint so hell und schön,
da möchte ich nie wieder gehen."

„Das Wasser rauscht, der Sand, der spricht
wer von den hat kein Gewicht?"

„Liebe Sonne, sag dem kleinen, schönen Tag,
dies erfand ich als ich lag,
dass ich ihn mag."

mit 9-10 Jahren entdeckte ich die Kraft der Dialoge
daraus entstanden letztendlich
so einige lustige
oder doch mal Monologe:

„Die Kuh

Bauer: Ich habe eine Kuh, die macht Muh.
Kuh: Natürlich mach ich Muh, sonst wär' ich keine Kuh!"

das ist alles original aus der Zeit - ja
ich dachte ich bin der größte Dichter
und war richtig enthusiastisch dabei denn noch
- noch war alles wertfrei
es veränderte sich nicht nur mein Schreibstil - nein
es sollten plötzlich ganz andere Sachen Thema sein
zentrales Motiv: immer seltener die Sonne
stattdessen meistens Dunkelheit

mit 13 schrieb ich das folgende Gedicht:

„Zukunft 3000
wir haben alles zerstört, niemand hat auf die Helfer gehört
wie viel würden einige geben
um noch einmal in der Vergangenheit zu leben?
die Sonne verschwindet, Dunkelheit brüllt
das Grauen, das die Welt umhüllt
das Wasser vergeht,
Bäume verschwinden,
Stille entsteht.
der Traum Glück zu finden

den Urwald gibt’s schon lang' nicht mehr
alle Menschen atmen schwer
weiße Wolken heißt es,
gab es mal
früher war es den Menschen eh egal
Liebe sucht man weit und breit, Kinder sind eine Seltenheit
man hat das Gefühl Gott versteht,
dass es hier nicht so weiter geht und
setzt dem Ganzen ein Ende.“

ich schreibe jetzt Gedichte seit ich schreiben kann
hab mir dann letztens alle durchgelesen
den ganzen Tag lang
und ich weiß die Nostalgie war mir anzusehen

mir lief dann tatsächlich eine leise Träne
über meine Wange
weil ich mein altes Ich vermisse
und das eigentlich schon so lange

„Früher war alles besser“ sagt man so und lacht dabei
aber irgendwie weiß man dass es so war
man war: sorgenlos, aufgedreht, ideenreich, „verrückt“ und
frei.

meine eine Träne
ist für meine Fantasie
für meinen jungen Mut zu mir zu stehen und für meine Pläne
meine eine Träne
ist für das Traumschiff mit dem ich alles erreichte
und für dessen Kapitäne
meine eine Träne
ist für alle zarten, fantastischen Gedanken und Träume
möget ihr kein Grashalm sondern ein Kaktus sein
und euch gegen Tritte sträuben!

warum vermisse ich mich - ich bin doch hier?
was ist eigentlich mit mir passiert?

Ich glaube meine Träume
wurden irgendwann mal zerstörbar

man hat eine „dumme“ Frage gestellt
das kriegt man dann zu spüren
man denkt sich dass man das nächstes Mal für sich behält
und „wo sind die Fluchttüren??“

ich weiß
es gibt so viel Schlimmeres auf der Welt
aber das macht mich wahrhaftig traurig

dass man kleine unsichere Gedanken anfällt
alles muss schwarz-weiß sein
bloß kein Blaustich

ich habe das Gefühl so vieles ist verblasst
kindliche Leichtigkeit verschwindet was bleibt ist Last
wie habt ihr das geschafft ?
wann findet ihr Rast?
in einer schwarz–weiß-Welt mit schwindendem Kontrast

auch in der Kleidung spiegelt sich das wieder
alle sind schwarz gekleidet
gehen in der Menge unter
und die bunten unter ihnen
das sind meistens Kinder

in ersten Klassen findet man Kinder mit Enthusiasmus
und sie fragen scharfsinnige Fragen!
„Was ist ein Traum? Warum ist das Gras grün?“
sie kennen noch keinen Sarkasmus
neugierig und aufgeregt
wollen sie nachts noch nicht schlafen

in zwölften Klassen findet man nichts dergleichen
ich sehe Zögern und Unsicherheiten

wir werden für alles bewertet
sie sind nur am Vergleichen

wer wir sein sollen kollidiert dann
mit dem was wir sind
und wenn man etwas dann doch ganz gut kann
fühlt man sich gleich wie ein Wunderkind!

allerdings kommt das echt selten vor
dass man dem Erwartungshorizont entspricht
wir sind halt nicht Einstein Junior
sondern die Jugend von heute
die an Social Media zerbricht

ich will keineswegs damit sagen
dass wir nicht schlau sind - nein!
und trotzdem ist es völlig abwegig immer Glanzleistungen
von uns zu erwarten
denn jeder macht seine Transzendenzerfahrung für sich
allein

durch die Schule fangen unsere Gedankenketten an zu rosten
das einzig Bunte sind heute unsere Marker
mit denen wir den schwarzen Ziffern trotzen
woooooow ein Kontrast!!! sogar ein relativ starker

wir dürfen aber auch nur das Wichtigste markieren
denn alles andere ist überflüssig
wie es scheint auch die Aufgabe unsere Gedankenketten
zu reparieren
denn dafür müsste man ja
das gesamte Schulsystem reformieren
aber wann würde das schon passieren?

wir wurden
dressiert,
formatiert,
sabotiert.

etwas Schreckliches ist zwischen Kindergarten und zwölfter
Klasse passiert.

copy
paste
ERWARTUNGSHORIZONT

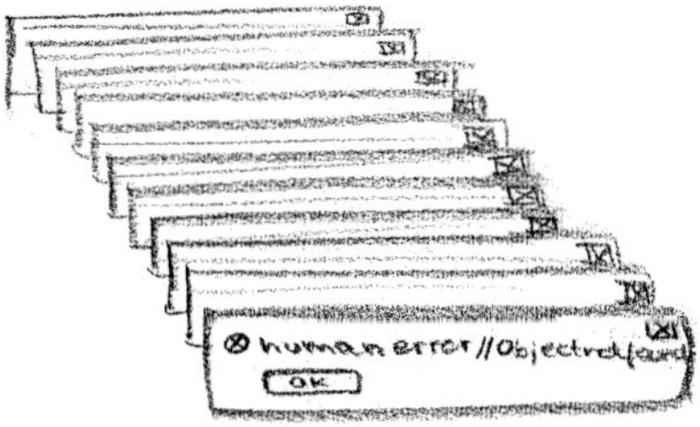
human error
OK

I

STAND

WITH

DREAMERS

der gute Wille sich einigen zu wollen
ist die
Grundlage/ ein hoher Anspruch

TRENDSHOPPER

die Trendkrankheit befällt einen eines alltags
im jugendlichen Alter
alle wollen auffallen sehen aber gleich aus
wollen die neuen Nikes haben
ausverkauft!

my happy colour is black, Idc, Idgaf, who's that?
von wegen „cool" und „angesagt"
warum ist alles weiß - schwarz??

ihr sagt eure Herzen sind
„cold as ice" und „black like your outfit"
doch sorry - daran glaub ich nicht!
Sagt mir wer hat diesen Trend
in die Welt gesetzt?

Tumblrgirls, Sadboys wohin ich nur schau
bei diesem Pessimismus
wird mir im Magen ganz flau

man shoppt seine Trendansichten auf sozialen Medien
wie auf Zalando
Macho, Risiko das macht man jetzt so

was ist mit
öko, Niveau, bewusstes Handeln und so??

willst du echt das Echo
oder doch die Stimme sein?
dich einzig und allein
über Kylie Jenners neues Lipkit
oder auch mal nachhaltige Fortschritte freuen
willst du der Schatten sein?
mit den toten Fischen im Strom schwimmen?
keine Berge erklimmen
bei Wahlen nicht mit abstimmen?
dein Gesicht nach innen
tragen
und dein Herz irgendwo tief
vergraben
?

willst du nicht zu deiner Meinung stehen
aus der Menge hervorgehen
oder Verantwortung übernehmen
du selbst zu sein?
eine Beziehung mit dir
selbst eingehen
anstatt

geheim, allein, Unwohlsein

ich bin selber zu viel online vielleicht sollte ich das lassen
und mir stattdessen
Gedankenpaläste basteln
verrückt sein wie es heißt

„verrückt sein“ wie es heißt
das neue Synonym für:
man selbst, echt, aufgeschlossen sein
in einer Gesellschaft die auf Aufrichtigkeit
und innere Werte zu scheißen scheint!

man kommt nicht drum herum
es lauert überall:
Misstrauen, Vorurteil und ein
Millimeter großes Akzeptanzspektrum

Instagramstars brechen zusammen
denn sie sind in ihren selbst erschaffenen Bildern gefangen
und für etwas geliebt
was sie gar nicht sind
und merken dass sie ganz tief drinnen
echt ziemlich alleine sind

denn die Maske die sie tragen
das was sie versuchen zu scheinen
ist Plastik einfach Plastik und so kann niemand sein
fünfzigtausend likes bedeuten einen Scheiss
wenn es dich dafür auseinander reißt

also mein Gott bitte sei du selbst!!
was bleibt dir denn am Ende des Tages
wenn du dir selber nicht gefällst?

du bist zwar nicht perfekt aber guck dich mal um
nein guck mich an
hier ist meine Nase bisschen krumm!
ich bin keine size zero und wiege auch kein Insta-gramm
ich bin eher irgendwie
ein recht unterhaltendes Programm

ich bitte euch!
wir sind doch so viel mehr
als das Material unserer Kleidung
die Werte unserer Eltern oder deren Scheidung

wir sind so viel mehr
als all die utopischen Erwartungen an uns
wir sind enttarnte Kinder

leicht zu verletzen schnell beleidigt
wir sind Erfinder
erfinden uns neu - mit Absicht
sind aufgeregt im Rampenlicht
und verlieren zwar mal das Gleichgewicht oder
auch die Übersicht
aber unser Kern unser Innerstes
das bricht dadurch doch nicht

hey du
ja du!

wenn du mir sagst
wer du bist
sag ich es dir auch
weil ich dir ab genau jetzt vertrau
und ich hoffe
du tust
es auch

vom Artikulieren

durch meine Adern fließen
Worte
wie bei anderen Blut
durchströmen meinen Körper
und versorgen mich mit allem
was ich zum Leben brauche

unendlich viele Farben
pulsieren mit ihnen
und füllen meinen Geist
bis mir nichts anderes übrig bleibt
als in sie zu diffundieren

eines Tages werde ich
die richtigen Worte finden.
und sie werden mir leicht über die Lippen gehen.

was ich dir noch wünsche

alles was du sein willst steckt schon in dir
erwecke dich zu deinem Leben.

danke für deine
Offenheit und Verletzlichkeit
- übrigens
in mir ist es auch.

was ist der Kampf wert gewesen
wenn du jetzt schon aufgibst
fragst du dich?

aber vielleicht bist du es auch wert
den Kampf endlich aufzugeben

das ist nicht die Ruhe vor dem Sturm
das ist die Ruhe in dir.

ich wünsche dir

dass du dich nie wieder
hinter Anderen versteckst

sondern hervortrittst
und dich traust deine Meinung zu sagen

dass du nie denkst
du wärst nicht gut genug

sondern jeden vermeintlichen Fehler
dankend annimmst
und ihn mit Stolz trägst

oder dir die Kraft nimmst
dich für dich selbst zu verändern.

der Glaube an sich/
/ der Glaube an sich

du bist bereit dafür
und lässt deine Gefühle zu.
- in Liebe zu dir selbst

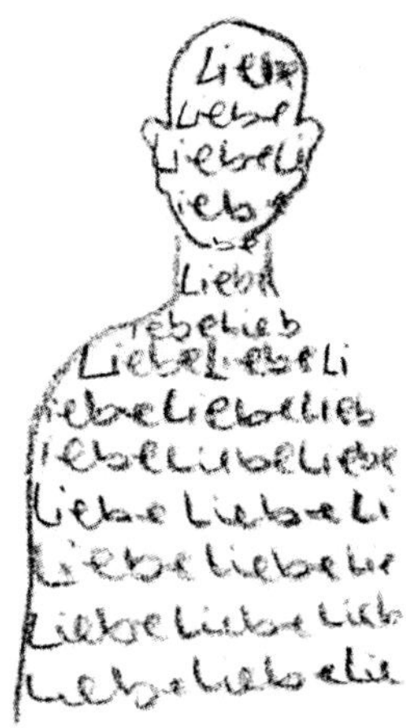

ihr fragt mich was ich werden will
und ich lächele
denn ich hab keine Angst mehr
wo vor fünf Monaten noch ein Sturm war
ist es heute windstill
und mein Glas voller Zweifel
ist heute leer

was ich später werden will
weiß ich grade noch immer nicht genau
aber dadurch wird mein Magen nicht flau
weil ich heute wirklich an mich glaub

- Mantra

es wartet eine ganze Welt darauf
von dir entdeckt zu werden.
du kannst sie haben.

jeder Gedanke ist es wert
gehört zu werden.

- lass dir nichts anderes sagen

Danksagung

Zu Allererst möchte ich dir danken,
dass du dieses Buch gekauft und
dich auf meine Worte und Gefühle eingelassen hast.
Mit dem Kauf dieses Buches hast du mich bei einem Projekt
unterstützt, das mir seit Ewigkeiten am Herzen liegt und bist
sogar der wichtigste Teil davon geworden.
Ein weiteres riesiges Dankeschön geht an Papa und Mama.
Danke, dass ihr immer da wart und, danke Papa, Sophie, Petra
und Sarah, dass ihr so viel eurer Zeit in dieses Buch investiert
habt.
Danke für eure Unterstützung und euren Glauben an mich.

Zuletzt möchte ich noch der DOschool in Berlin danken und
allen tollen Menschen dort, die mich auf meinem Weg
begleitet haben, wie mein 24YOU Team, oder die ich im Laufe
der Zeit kennenlernen durfte.
Danke an Alex, Franka und Carolina für die Möglichkeiten,
die ihr mir gegeben habt, und - was wäre ich ohne sie -
Inspiration.

Dieses Buch ist auch als E-Book erhältlich.

Für Anregungen oder Fragen schreibe mir eine Mail an:
elenacosta.writings@gmail.com
oder schau auf meiner Instagramseite vorbei:
elenacosta.writings